AF205769

Impressum
Verlag: BABADADA GmbH, Nedderfeld 112 , 22529 Hamburg
Geschäftsführer / Verlagsleitung: Harald Hof
Druck: Books on Demand GmbH, In de Tarpen 42, 22848 Norderstedt

Imprint
Publisher: BABADADA GmbH, Nedderfeld 112 , 22529 Hamburg, Germany
Managing Director / Publishing direction: Harald Hof
Print: Books on Demand GmbH, In de Tarpen 42, 22848 Norderstedt, Germany

bilik darjah
třída

bahagi
dělit

186/2

papan
tabule

laman/taman sekolah
školní hřiště

guru
učitel

kertas
papír

tulis
psát

pen
pero

meja
psací stůl

pembaris
pravítko

buku
kniha

murid
žák

beg galas

aktovka

kotak pensel

penál

pensel

tužka

pengasah pensel

ořezávátko

pemadam

guma

kertas lukisan

blok na kreslení

melukis
výkres

berus lukis
štětec

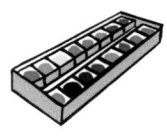

kotak warna
malířské potřeby

gunting
nůžky

gam
lepidlo

buku latihan
cvičebnice

kerja rumah
domácí úkol

12

nombor
počet

2+2

tambah
sčítat

5-2

tolak
odčítat

2×2

darab
násobit

kira
počítat

A

huruf
písmeno

ABCDEFG
HIJKLMN
OPQRSTU
VWXYZ

abjad
abeceda

kata
slovo

teks

text

baca

číst

kapur

křída

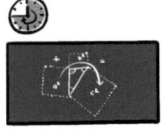

pelajaran

hodina

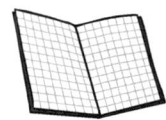

daftar

třídní kniha

peperiksaan

zkouška

sijil

vysvědčení

uniform sekolah

školní uniforma

pendidikan

vzdělání

ensiklopedia

encyklopedie

universiti

univerzita

mikroskop

mikroskop

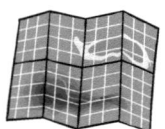

peta

karta

bakul sampah

odpadkový koš na papír

hotel
hotel

asrama
ubytovna

ROOMS

pejabat tukaran mata wang
směnárna

ECHANGE

beg pakaian
kufr

kereta
auto

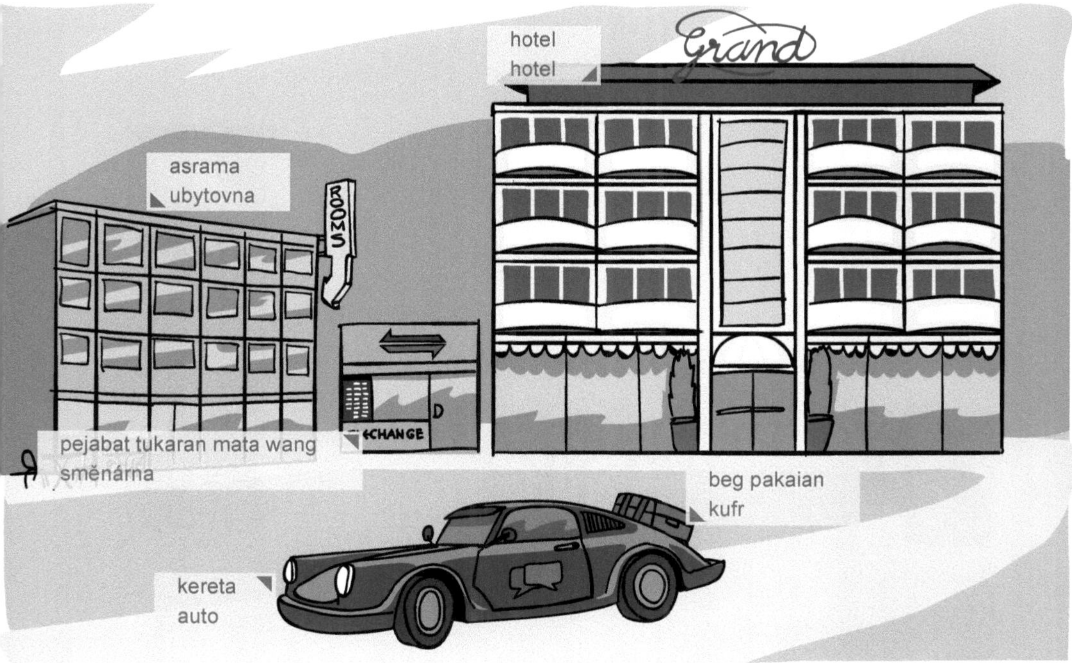

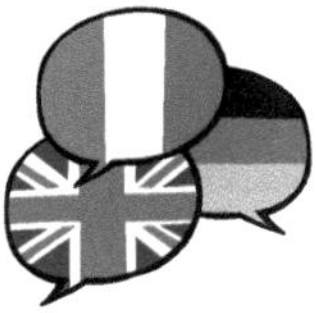

bahasa
....
jazyk

ya / tidak
....
ano / ne

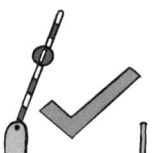

okey
....
oukej

helo
....
Ahoj!

penterjemah
....
překladatel

Terima kasih
....
děkuji

berapa banyak...?
Kolik stojí...?

saya tidak faham
nerozumím

masalah
problém

Selamat petang!
Dobrý večer!

Selamat Pagi!
Dobré ráno!

Selamat Malam!
Dobrou noc!

selamat tinggal
na shledanou

arah
směr

bagasi
zavazadlo

beg
taška

beg galas
batoh

tetamu
host

bilik tidur
pokoj

beg tidur
spací pytel

khemah
stan

maklumat pelancong

turistické informace

pantai

pláž

kad kredit

kreditní karta

sarapan

snídaně

makan tengah hari

oběd

makan malam

večeře

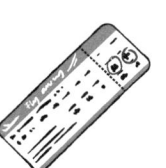

tiket

jízdenka

lif

výtah

setem

poštovní známka

sempadan

hranice

kastam

clo

kedutaan

poselství

visa

vízum

pasport

pas

pengangkutan
transport

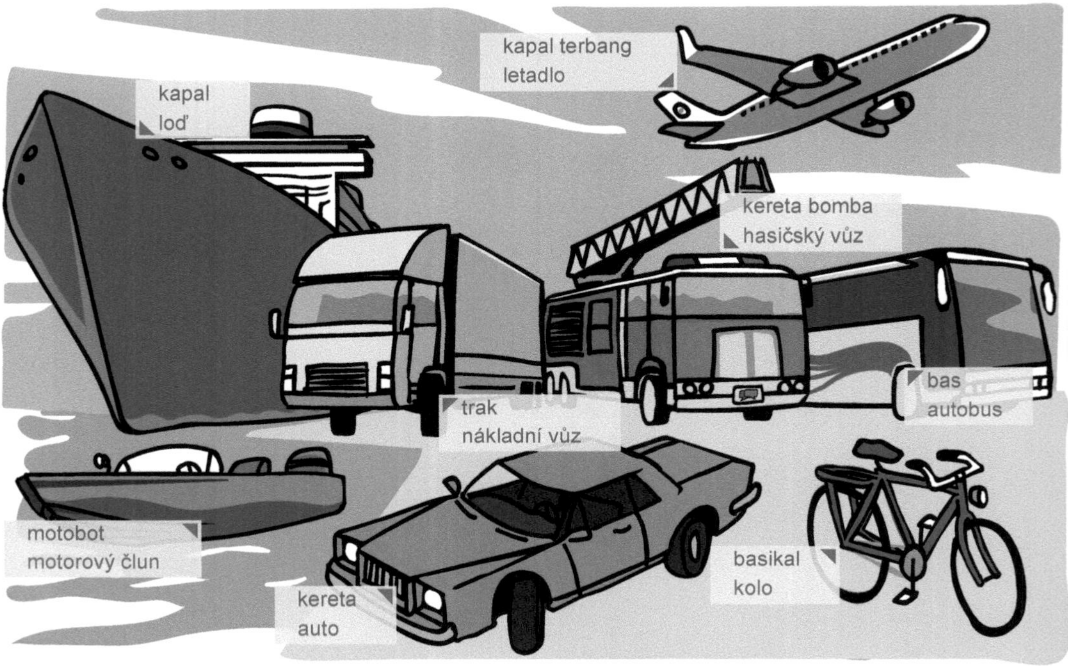
kapal terbang
letadlo
kapal
loď
kereta bomba
hasičský vůz
bas
autobus
trak
nákladní vůz
motobot
motorový člun
basikal
kolo
kereta
auto

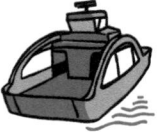

feri

přívoz

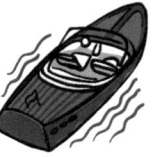

bot

člun

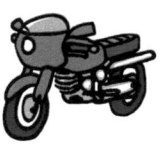

motosikal

motorka

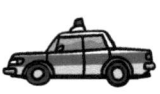

kereta polis

policejní auto

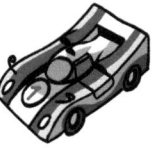

kereta lumba

závodní auto

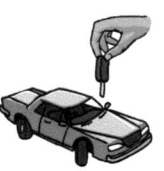

kereta sewa

pronajaté auto

berkongsi kereta
sdílení aut

trak tunda
odtahová služba

trak menolak
popelářský vůz

motor
motor

bahan api
palivo

stesen minyak
čerpací stanice

tanda trafik
dopravní značka

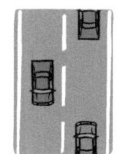

trafik
doprava

kesesakan lalu lintas
dopravní zácpa

tempat parkir
parkoviště

stesen kereta api
vlakové nádraží

trek
koleje

kereta api
vlak

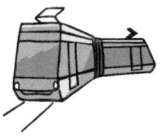

trem
tramvaj

gerabak
vagón

helikopter

helikoptéra

lapangan terbang

letiště

Menara

věž

penumpang

pasažér

bekas

kontejner

kadbod

kartón

kart

trakař

bakul

koš

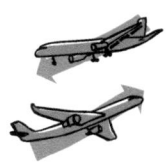

berlepas / mendarat

vzlétnout / přistát

bandar

město

kampung

vesnice

pusat bandar

střed města

rumah

dům

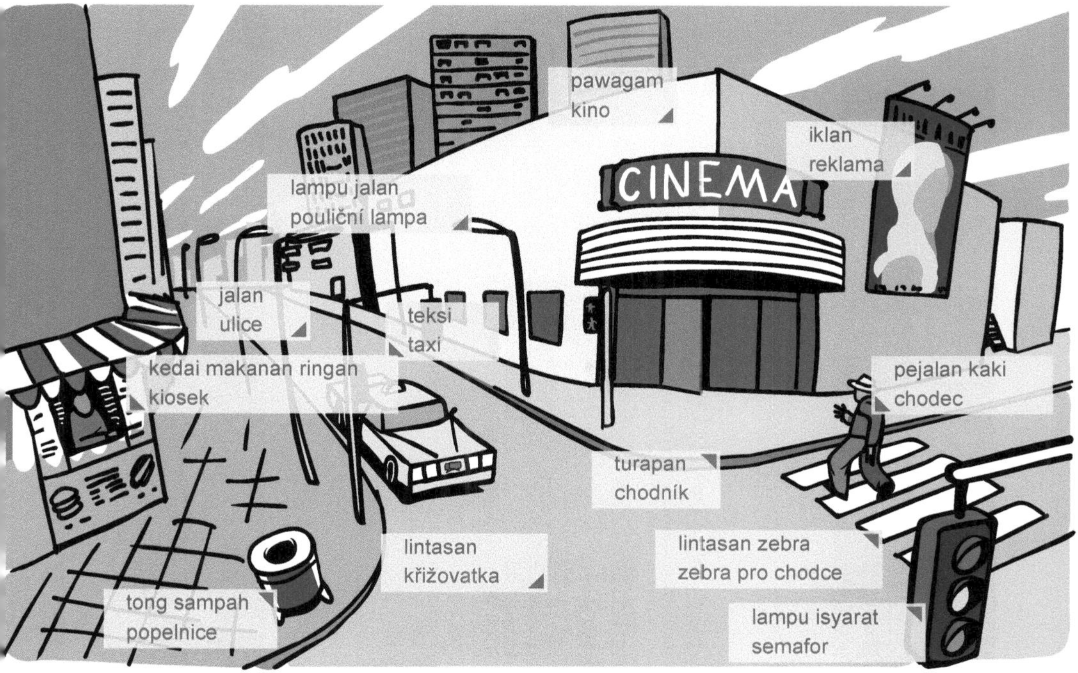
pawagam
kino
iklan
reklama
lampu jalan
pouliční lampa
CINEMA
jalan
ulice
teksi
taxi
kedai makanan ringan
kiosek
pejalan kaki
chodec
turapan
chodník
lintasan
křižovatka
lintasan zebra
zebra pro chodce
tong sampah
popelnice
lampu isyarat
semafor

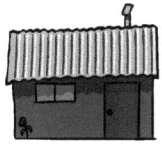

pondok

chata

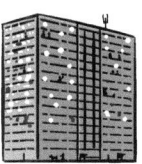

flat

byt

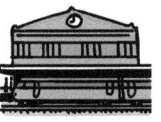

stesen kereta api

vlakové nádraží

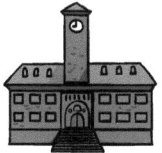

dewan bandar

radnice

MUSEUM

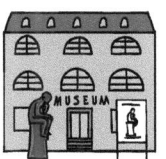

muzium

muzeum

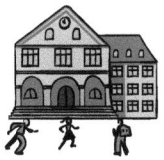

sekolah

škola

universiti

univerzita

bank

banka

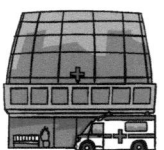

hospital

nemocnice

hotel

hotel

farmasi

lékárna

pejabat

kancelář

kedai buku

knihkupectví

kedai

obchod

kedai bunga

květinářství

pasar raya

supermarket

pasaran

tržnice

gedung

obchodní dům

penjual ikan

rybárna

pusat membeli-belah

nákupní centrum

pelabuhan

přístav

taman
park

bangku
lavička

jambatan
most

tangga
schody

bawah tanah
metro

terowong
tunel

hentian bas
autobusová zastávka

bar
bar

restoran
restaurace

peti surat
poštovní schránka

papan tanda jalan
pouliční tabule

meter parkir
parkovací hodiny

zoo
zoo

kolam renang
plovárna

masjid
mešita

ladang
usedlost

pencemaran
znečišťování životního prostředí

tanah perkuburan
hřbitov

gereja
církev

taman permainan
hřiště

kuil
chrám

landskap
krajina

daun / list
tiang tanda / rozcestník
jalan / cesta
padang rumput / louka
batu / kámen
pejalan kaki / turista
pokok / strom
sungai / řeka
rumput / tráva
bunga / květina

lembah

údolí

bukit

hora

tasik

jezero

hutan

les

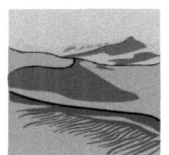

padang pasir

poušť

gunung berapi

sopka

istana

zámek

pelangi

duha

cendawan

houba

pokok kelapa sawit

palma

nyamuk

komár

terbang

moucha

semut

mravenec

lebah

včela

labah-labah

pavouk

landskap - krajina

kumbang

brouk

katak

žába

tupai

veverka

landak

ježek

arnab

zajíc

burung hantu

sova

burung

pták

angsa

labuť

babi jantan

divoké prase

rusa

jelen

moose

los

empangan

přehrada

turbin angin

větrné kolo

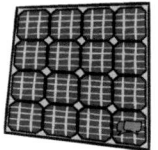

panel solar

solární panel

iklim

podnebí

restoran

restaurace

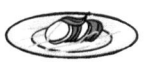

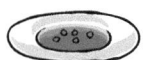

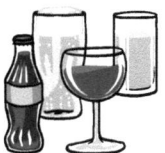

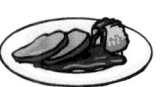

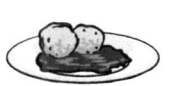

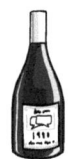

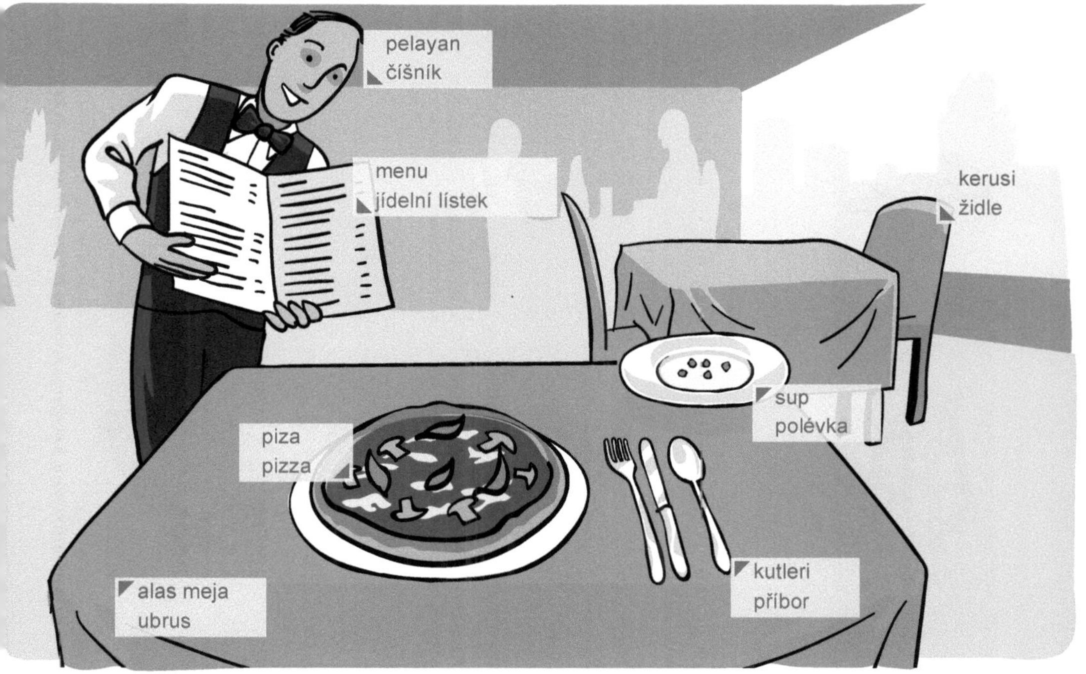

pelayan
číšník
menu
jídelní lístek
kerusi
židle
sup
polévka
piza
pizza
kutleri
příbor
alas meja
ubrus

pemula

předkrm

hidangan utama

hlavní chod

pencuci mulut

dezert

minuman

nápoje

makanan

jídlo

botol

láhev

makanan segera

rychlé občerstvení

makanan jalanan

pouliční občerstvení

teko

čajová konvice

mangkuk gula

cukřenka

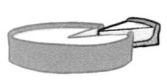

bahagian

porce

mesin espreso

kávovar na espresso

kerusi tinggi

dětská stolička

bil

faktura

dulang

tác

pisau

nůž

garfu

vidlička

sudu

lžíce

sudu teh

čajová lyžička

serviette

ubrousek

gelas

sklenička

restoran - restaurace

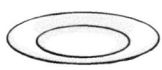

pinggan
talíř

mangkuk sup
talíř na polévku

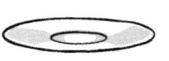

piring
podšálek

sos
omáčka

tempat garam
slánka

pengisar lada
mlýnek na pepř

cuka
ocet

minyak
olej

rempah
koření

sos
kečup

mustard
hořčice

mayones
majonéza

pasar raya
supermarket

tawaran istimewa
nabídka
FOR
pelanggan
zákazník
tenusu
mléčné výrobky
buah-buahan
ovoce
troli
nákupní vozík

BUTCHERS

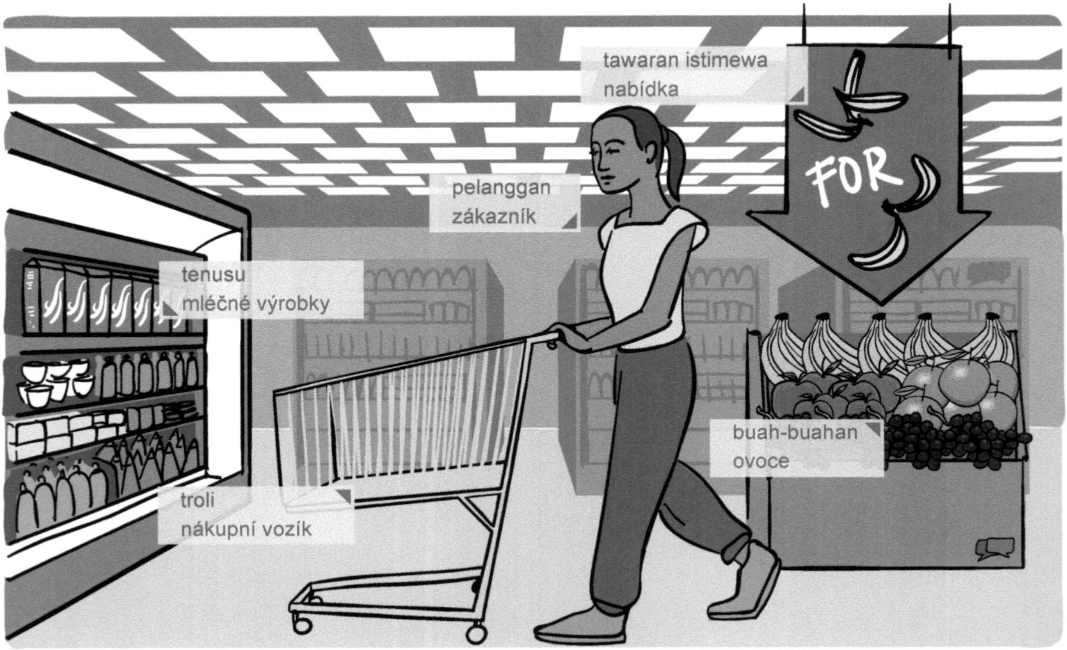

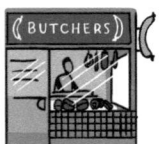

tukang daging

masna

BAKERY

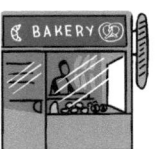

kedai roti

pekařství

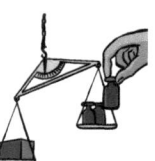

berat

vážit

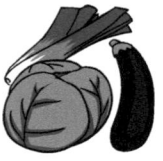

sayur-sayuran

zelenina

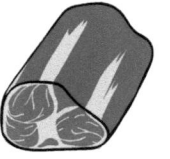

daging

maso

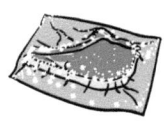

makanan sejuk beku

mražené potraviny

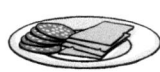

daging sejuk
obložený talíř

makanan dalam tin
konzervy

serbuk pencuci
prací prášek

gula-gula
cukrovinky

produk isi rumah
výrobky pro domácnost

produk pembersihan
čisticí prostředek

orang jualan
prodavačka

daftar tunai
pokladna

juruwang
pokladní

senarai membeli-belah
nákupní seznam

waktu pembukaan
otevírací doba

beg duit
peněženka

kad kredit
kreditní karta

beg
taška

beg plastik
igelitová taška

nápoje

air
voda

jus
džus

susu
mléko

kola
kola

wain
víno

bir
pivo

alkohol
alkohol

koko
kakao

the
čaj

kopi
káva

espreso
espresso

kapucino
kapučíno

pisang

banán

epal

jablko

oren

pomeranč

tembikai

meloun

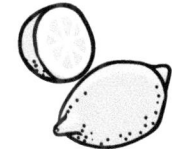

lemon

citrón

lobak merah

mrkev

bawang putih

česnek

buluh

bambus

bawang

cibule

cendawan

houba

kacang

ořechy

mi

těstoviny

spageti

špageti

nasi

rýže

salad

salát

kerepek

hranolky

kentang goreng

americké brambory

piza

pizza

hamburger

hamburger

sandwic

sendvič

kutlet

řízek

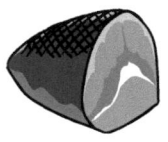

ham

šunka

salami

salám

sosej

salám

ayam

kuře

panggang

pečeně

ikan

ryby

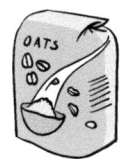

bubur oat

ovesné vločky

muesli

müsli

emping jagung

vločky

tepung

mouka

kroisan

croissant

roti roll

houska

roti

chléb

roti bakar

toast

biskut

sušenky

mentega

máslo

dadih

tvaroh

kek

buchta

telur

vejce

telur goreng

volské oko

keju

sýr

ais krim

zmrzlina

gula

cukr

madu

med

jem

marmeláda

krim nougat

nugátový krém

kari

kari

makanan - jídlo

rumah ladang
selské stavení

bangsal
stodola

bandela jerami
balík slámy

bidang
pole

kuda
kůň

treler
přívěs

anak kuda
hříbě

traktor
traktor

keldai
osel

biri-biri
ovce

kambing
jehně

kambing

koza

lembu

kráva

anak lembu

tele

babi

prase

anak babi

sele

lembu

býk

angsa

husa

itik

kachna

anak ayam

kuře

ayam betina

slepice

ayam jantan muda

kohout

tikus

krysa

kucing

kočka

tikus

myš

lembu jantan

vůl

anjing

pes

rumah anjing

psí bouda

hos taman

zahradní hadice

bekas siraman

kropicí konev

sabit

kosa

bajak

pluh

sabit

srp

cangkul

motyka

serampang peladang

vidle

kapak

sekera

kereta sorong

kolecko

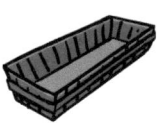

palung

koryto

tin susu

konev na mléko

karung

pytel

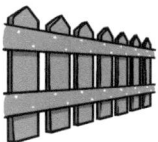

pagar

plot

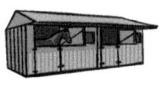

stabil

stáj

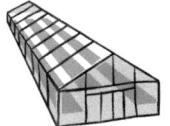

rumah hijau

skleník

tanah

půda

benih

osivo

baja

hnojivo

jentuai

kombajn

tuai

sklidit

menuai

sklizeň

keladi

smldinec

gandum

pšenice

soya

sója

kentang

brambora

jagung

kukuřice

biji sawi

řepka

pokok buah-buahan

ovocný strom

ubi kayu

maniok

bijirin

obilí

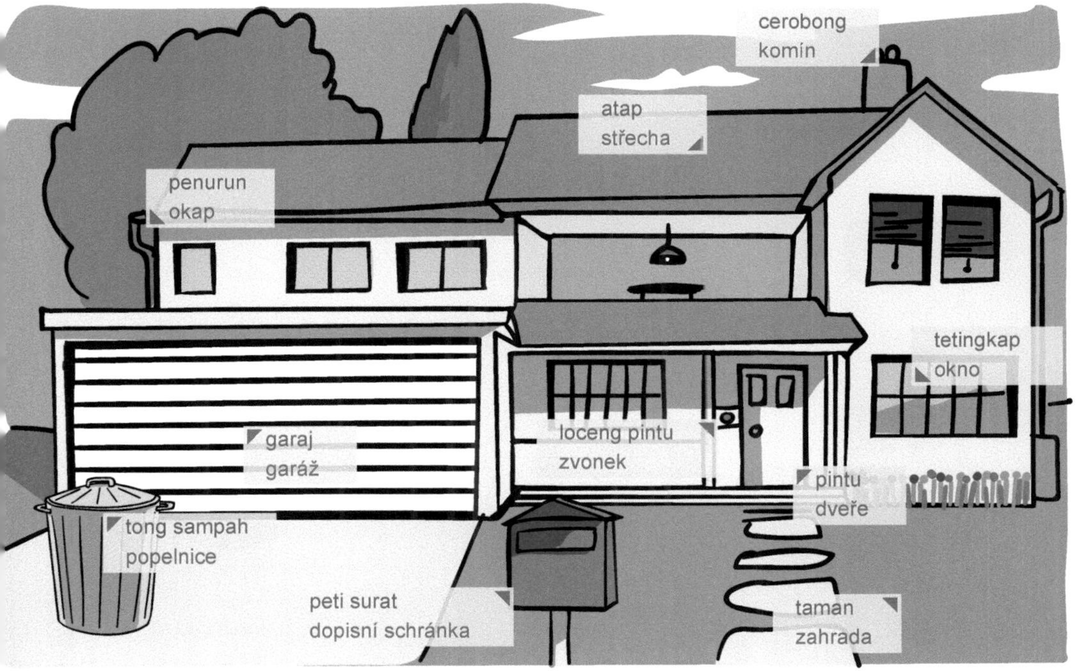

cerobong
komín

atap
střecha

penurun
okap

tetingkap
okno

garaj
garáž

loceng pintu
zvonek

pintu
dveře

tong sampah
popelnice

peti surat
dopisní schránka

taman
zahrada

ruang tamu

obývací pokoj

bilik air

koupelna

dapur

kuchyně

bilik tidur

ložnice

bilik kanak-kanak

dětský pokoj

ruang makan

jídelna

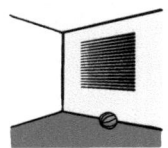

lantai
podlaha

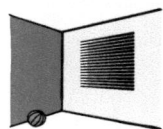

dinding
zeď

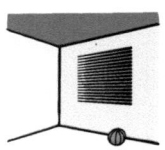

siling
deka

bilik bawah tanah
sklep

sauna
sauna

balkoni
balkón

teres
terasa

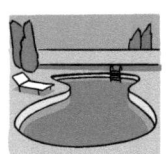

kolam renang
bazén

pemotong rumput
sekačka na trávu

lembaran
ložní prádlo

penutup tilam
lůžková přikrývka

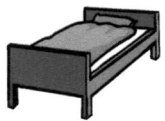

katil
postel

penyapu
smeták

timba
kýbl

suis
vypínač

ruang tamu
obývací pokoj

kertas dinding
tapeta
gambar
obrázek
lampu
žárovka
rak
police
kabinet
skříň
televisyen
televizor
pendiangan
komín
bunga
květina
kusyen
polštář
sofa
gauč
pasu
váza
alat kawalan jauh
dálkový ovladač

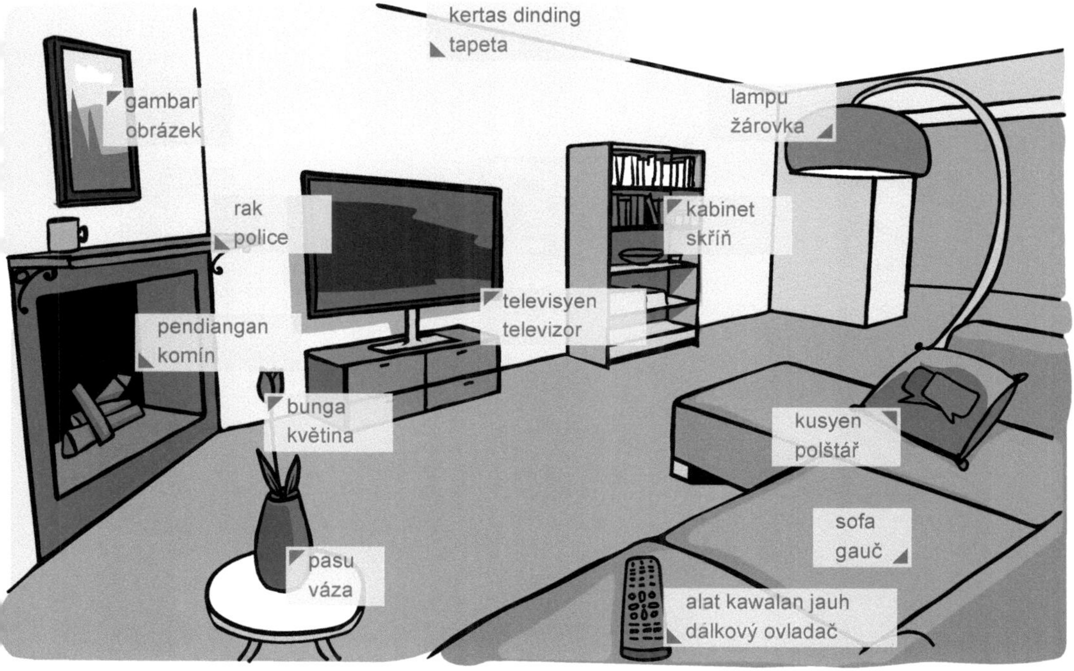

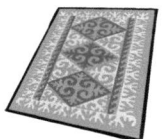

permaidani

koberec

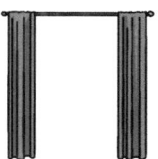

tirai

závěs

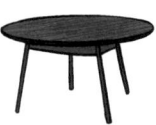

meja

stůl

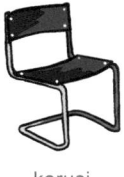

kerusi

židle

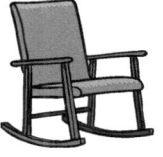

kerusi malas

houpací křeslo

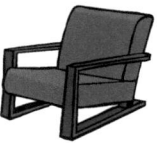

kerusi

křeslo

buku

kniha

selimut

strop

hiasan

ozdoba

kayu api

palivové dříví

filem

film

hi-fi

stereo souprava

kunci

klíč

akhbar

noviny

lukisan

malba

poster

plakát

radio

rádio

buku catatan

poznámkový blok

penyedut habuk

vysavač

kaktus

kaktus

lilin

svíce

dapur
kuchyně

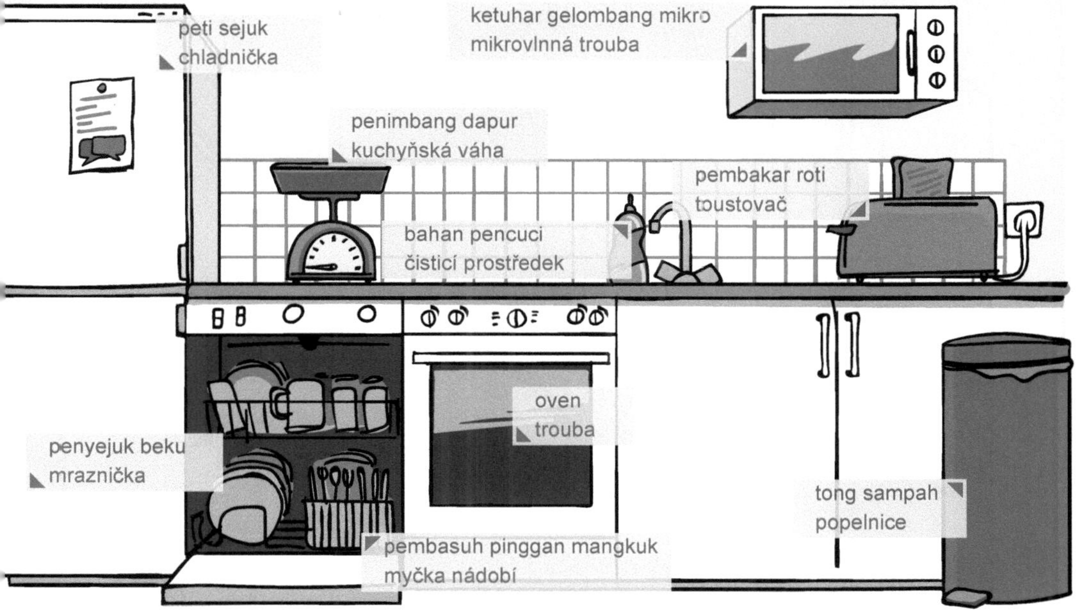

peti sejuk
chladnička
ketuhar gelombang mikro
mikrovlnná trouba
penimbang dapur
kuchyňská váha
pembakar roti
toustovač
bahan pencuci
čisticí prostředek
oven
trouba
penyejuk beku
mraznička
tong sampah
popelnice
pembasuh pinggan mangkuk
myčka nádobí

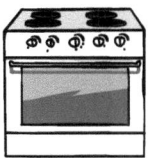

periuk dapur

sporák

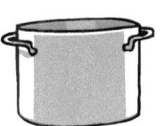

periuk

hrnec

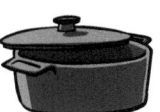

periuk besi

litinový hrnec

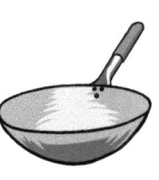

kuali

wok / kadai

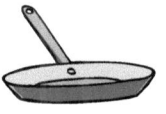

pan

pánev

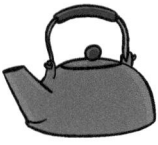

cerek

varná konvice

pengukus

parní hrnec

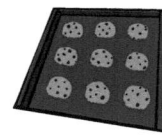

dulang pembakar

plech na pečení

pinggan mangkuk

nádobí

koleh

hrnek

mangkuk

miska

penyepit

jídelní hůlky

senduk

naběračka

spatula

obracečka

pengadun

metla

penapis

síto

ayak

cedník

pemarut

struhadlo

mortar

hmoždíř

barbeku

gril

pembakaran terbuka

ohniště

dapur - kuchyně

papan pencincang

prkénko na krájení

pin golekan

váleček na těsto

skru gabus

vývrtka

tin

dóza

pembuka tin

otvírák na konzervy

pemegang periuk

chňapka

sinki

umyvadlo

berus

kartáč na nádobí

span

houba

pengisar

mixér

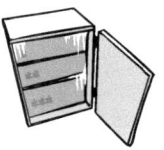

penyejuk beku

mrazák

botol bayi

dětská lahev

paip

kohoutek

bilik air

koupelna

pemanasan
topení
tuala
ručník
mandi
sprcha
tirai mandi
sprchový závěs
mandi buih
pěnová koupel
tab mandi
vana
gelas
sklenička
mesin basuh
pračka
paip
kohoutek
jubin
obkladačky
tandas
nočník
sinki
umyvadlo

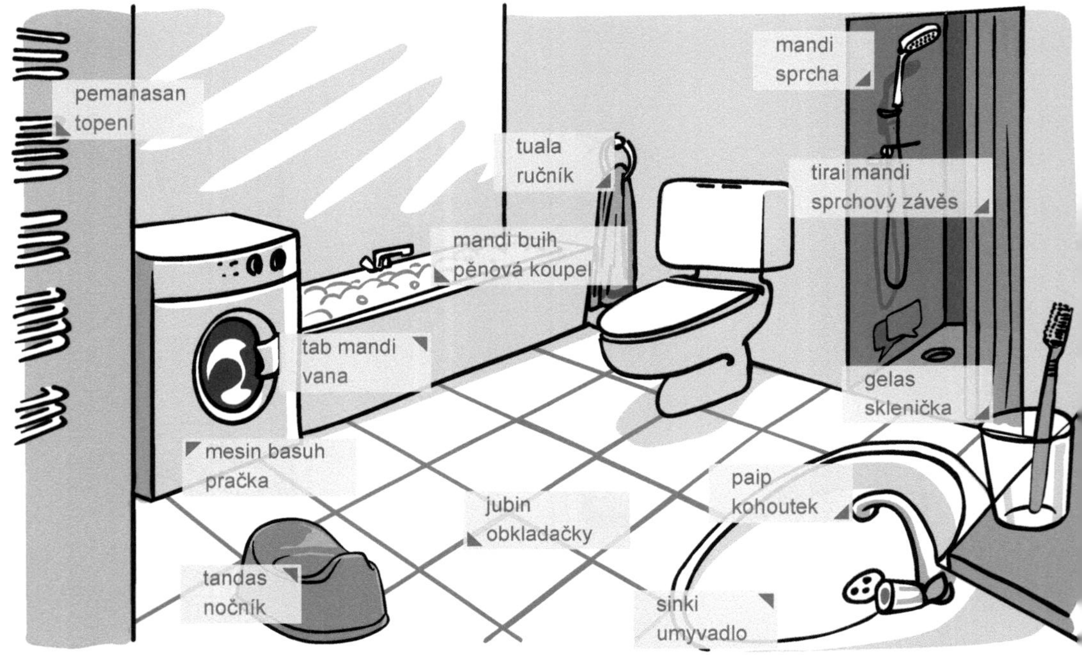

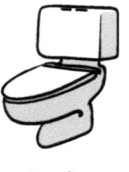

tandas

záchod

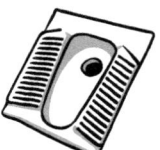

tandas mencangkung

turecký záchod

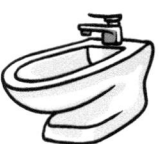

mangkuk tandas

bidet

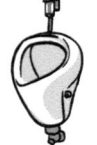

tandas awam

pisoár

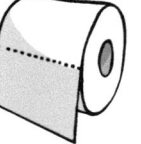

kertas tandas

toaletní papír

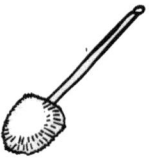

berus tandas

záchodová štětka

berus gigi

zubní kartáček

ubat gigi

zubní pasta

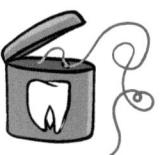

flos gigi

zubní niť

cuci

mýt

mandian tangan

ruční sprcha

pancuran

intimní sprcha

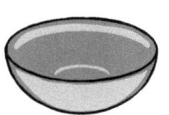

besen

umyvadlo

belakang berus

kartáč na záda

sabun

mýdlo

gel mandian

sprchový gel

syampu

šampón

flanel

žínka

longkang

odpad

krim

krém

deodoran

deodorant

cermin

zrcadlo

cermin tangan

kosmetické zrcátko

pisau cukur

holicí strojek

busa cukur

pěna na holerí

selepas cukur

voda po holení

sikat

hřeben

berus

kartáč

pengering rambut

fén

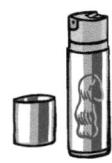

semburan rambut

lak na vlasy

mekap

makeup

gincu

rtěnka

varnis kuku

lak na nehty

bulu kapas

vata

gunting kuku

nůžky na nehty

pewangi

parfém

beg basuhan

taška s toaletními potřebami

bangku

stolička

skala berat

váha

jubah mandi

župan

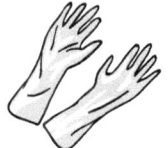

sarung tangan getah

gumové rukavice

kapas

tampón

tuala wanita

dámská vložka

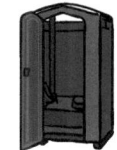

tandas kimia

chemická toaleta

bilik kanak-kanak

dětský pokoj

jam loceng
budík
mainan kegemaran
plyšová hračka
kereta mainan
autíčko
kerincing bayi
chrastítko
rumah anak patung
domeček pro panenky
hadiah
dárek

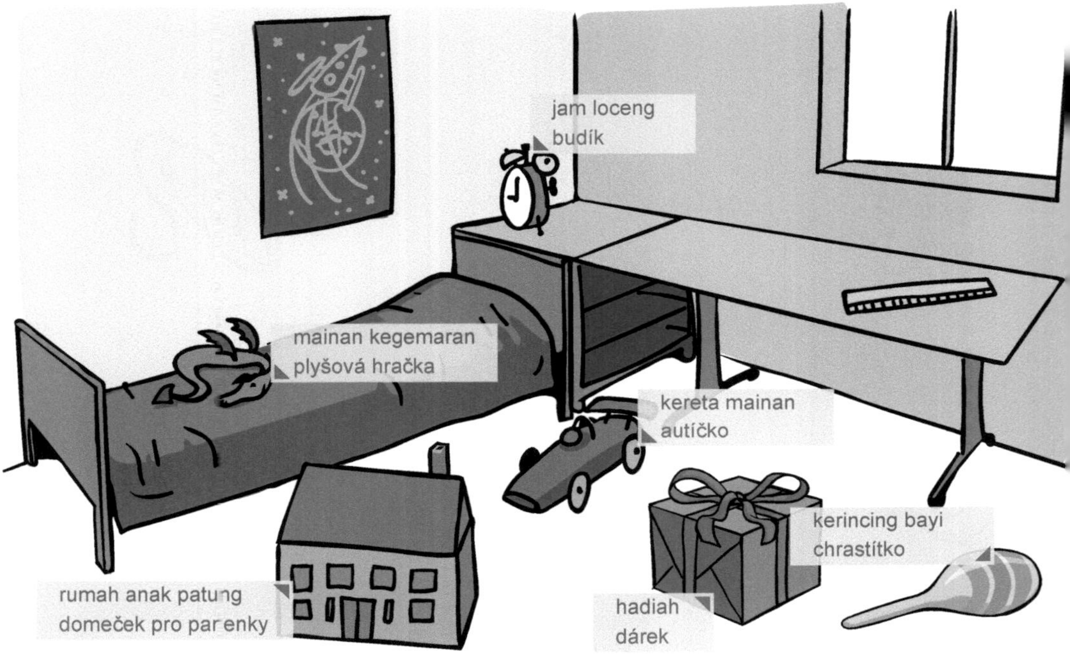

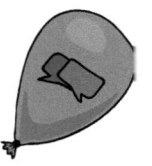

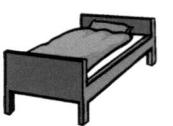

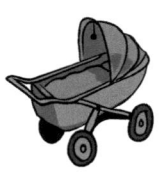

belon

balón

katil

postel

kereta sorong bayi

kočárek

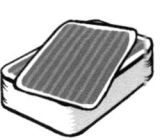

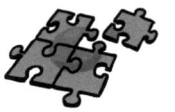

set kad

balíček karet

susun suai gambar

puzzle

SUPER MEGA

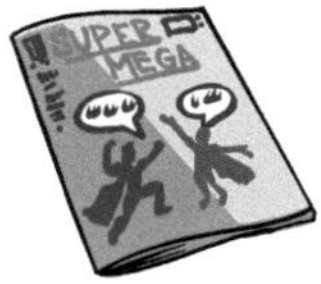

komik

komiks

batu bata lego

lego kostky

blok mainan

stavebnice

figura aksi

akční figurka

baju bayi

dupačky

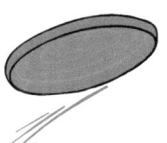

frisbee

frisbee

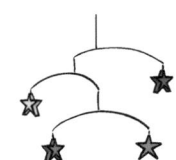

mainan bayi mudah alih

závěsné hračky nad postýlku

permainan papan

desková hra

dadu

kostky

set model kereta api

modelová železnice

palsu

dudlík

parti

oslava

buku bergambar

obrázková kniha

bola

míč

anak patung

panenka

main

hrát si

lubang pasir

pískoviště

buai

houpačka

mainan

hračky

konsol permainan video

hrací konzole

basikal roda tiga

tříkolka

anak patung beruang

medvídek

almari pakaian

šatník

pakaian

oblečení

stoking

ponožky

stoking

punčochy

ketat

punčochové kalhoty

skarf
šála

...g/keselamatan

payung
deštník

kemeja-t
tričko

but
kozačky

selipar
domácí obuv

kasut sukan
tenisky

sandal
sandály

kasut
obuv

but getah
holínky

seluar dalam
spodní prádlo

coli
podprsenka

ves
nátělník

badan

body

Seluar panjang

kalhoty

jean

džíny

skirt

sukně

blaus

blůza

kemeja

košile

baju panas sarung

svetr

sweater

mikina

blazer

blejzr

jaket

bunda

kot

kabát

baju hujan

pláštěnka

kostum

kostým

pakaian

šaty

baju pengantin

svatební šaty

sut
oblek

baju tidur
noční košile

baju tidur
pyžamo

sari
sárí

skarf kepala
šátek na hlavu

serban
turban

burqa
burka

kaftan
kaftan

abaya/jubah
abája

baju renang
plavky

seluar renang
pánské plavky

seluar pendek
kraťasy

sut balapan
tepláková souprava

apron
zástěra

sarung tangan
rukavice

butang

knoflík

cermin mata

brýle

gelang tangan

náramek

rantai leher

náhrdelník

cincin

prsten

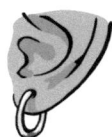

subang

náušnice

topi

čepice

penyangkut kot

ramínko

topi

klobouk

tali leher

kravata

zip

zip

topi keledar

helma

pendakap

kšandy

uniform sekolah

školní uniforma

seragam

uniforma

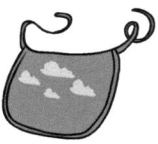

lapik dada

bryndák

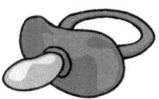

palsu

dudlík

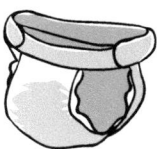

lampin

plena

pejabat
kancelář

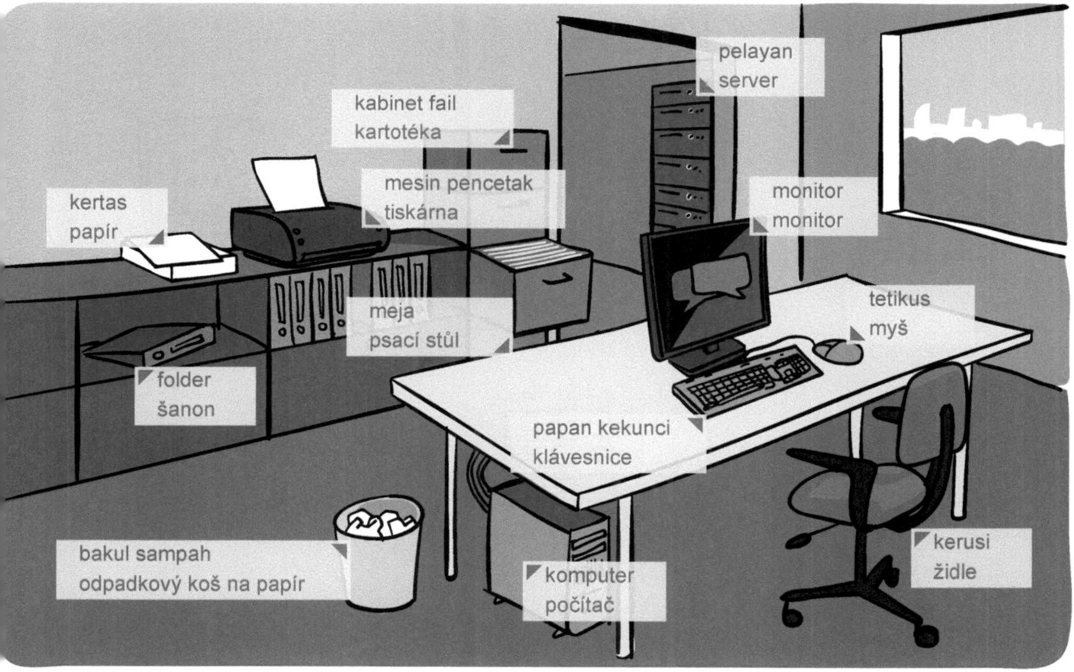
pelayan
server
kabinet fail
kartotéka
mesin pencetak
tiskárna
kertas
papír
monitor
monitor
meja
psací stůl
tetikus
myš
folder
šanon
papan kekunci
klávesnice
bakul sampah
odpadkový koš na papír
kerusi
židle
komputer
počítač

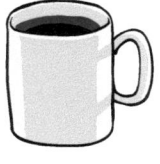

cawan kopi

hrnek na kávu

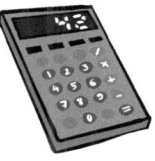

kalkulator

kalkulačka

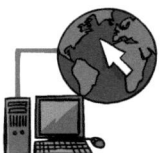

internet

internet

komputer riba

notebook

surat

dopis

mesej

zpráva

mudah alih

mobil

rangkaian

síť

mesin fotokopi

kopírka

perisian

software

telefon

telefon

soket plag

zásuvka

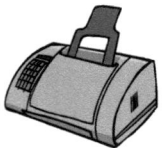

mesin faks

fax

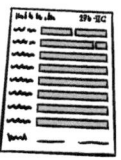

bentuk

formulář

dokumen

dokument

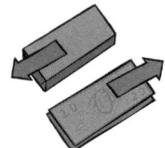

beli

nakupovat

bayar

zaplatit

berdagang

jednat

wang

peníze

dolar

dolar

euro

euro

yen

jen

rubel

rubl

franc swiss

frank

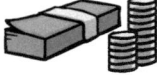

renminbi yuan

juan

rupee

rupie

mata tunai

bankomat

pejabat tukaran mata wang

směnárna

emas

zlato

perak

stříbro

minyak

olej

tenaga

energie

harga

cena

kontrak

smlouva

cukai

daň

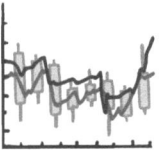

stok

akcie

kerja

pracovat

pekerja

zaměstnanec

majikan

zaměstnavatel

kilang

továrna

kedai

obchod

pegawai polis
policista

ahli bomba
hasič

tukang masak
kuchař

doktor
lékař

juruterbang
pilot

tukang kebun

zahradník

tukang kayu

truhlář

tukang jahit

švadlena

hakim

soudce

ahli kimia

chemik

pelakon

herec

pemandu bas

řidič autobusu

pemandu teksi

řidič taxi

nelayan

rybář

wanita pencuci

uklízečka

kasau

pokrývač

pelayan

číšník

pemburu

myslivec

pelukis

malíř

bakeri

pekař

juruelektrik

elektrikář

pembangun

stavební dělník

jurutera

inženýr

penjual daging

řezník

tukang paip

klempíř

posmen

listonoš

askar

voják

arkitek

architekt

juruwang

pokladní

kedai bunga

florista

pendandan rambut

kadeřník

konduktor

průvodčí

mekanik

mechanik

kapten

kapitán

doktor gigi

zubař

ahli sains

vědec

tuhanku

rabín

imam

imám

sami

mnich

paderi

duchovní

alat
nářadí

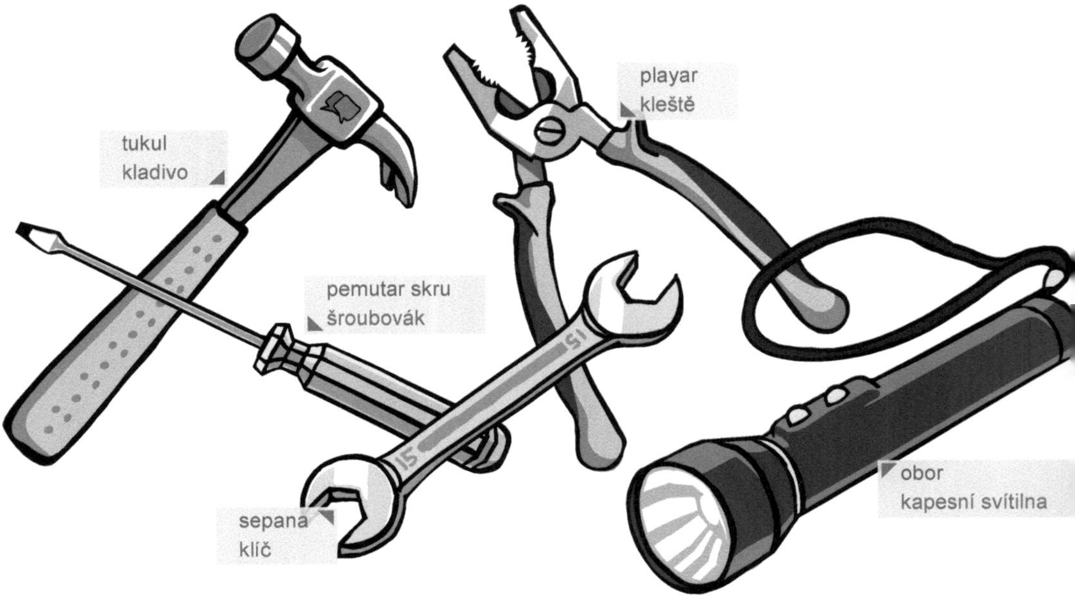

tukul
kladivo
playar
kleště
pemutar skru
šroubovák
sepana
klíč
obor
kapesní svítilna

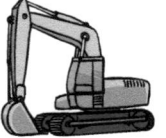

pengorek

bagr

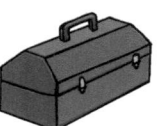

kotak peralatan

skříň na nářadí

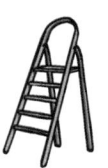

tangga

žebřík

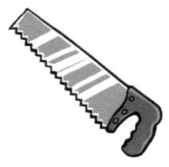

gergaji

pila

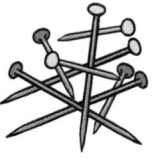

kuku

hřebíky

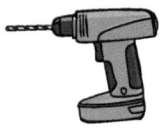

gerudi

vrtačka

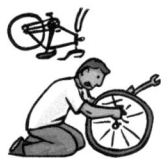

baiki

opravit

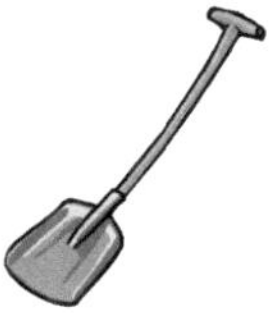

penyodok

lopata

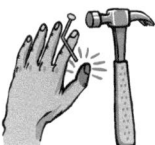

Celaka!

Kurva!

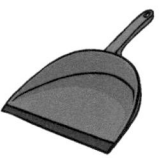

penadah sampah

lopatka

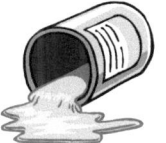

periuk cat

vědroé na barvu

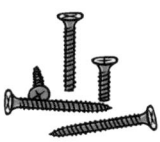

skru

šrouby

alat muzik
hudební nástroje

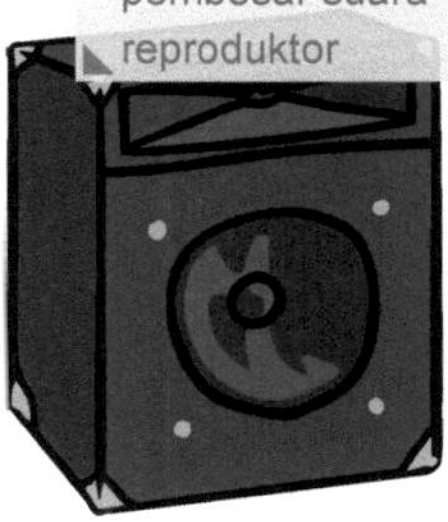

pembesar suara
reproduktor

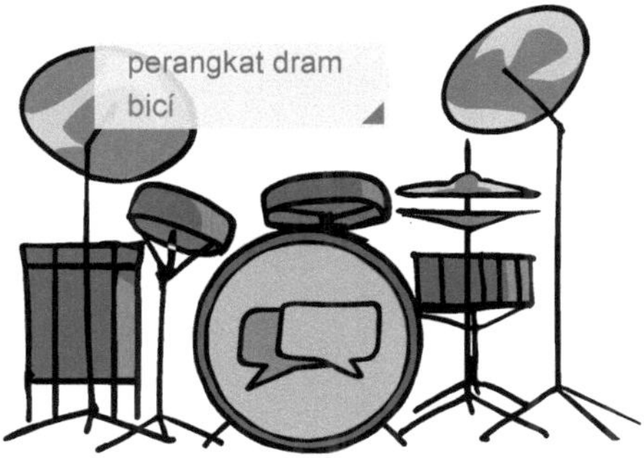

perangkat dram
bicí

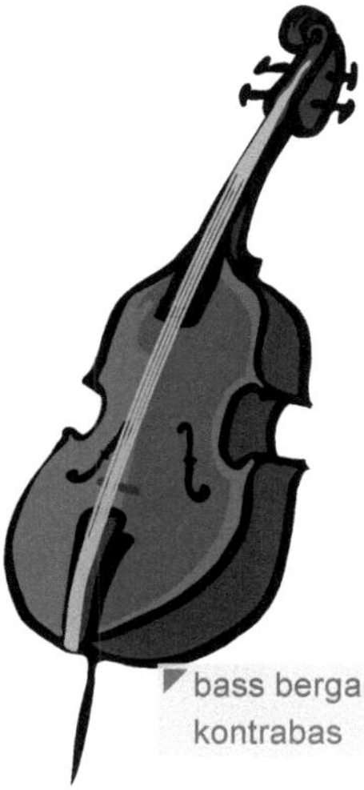

bass berganda
kontrabas

gitar
kytara

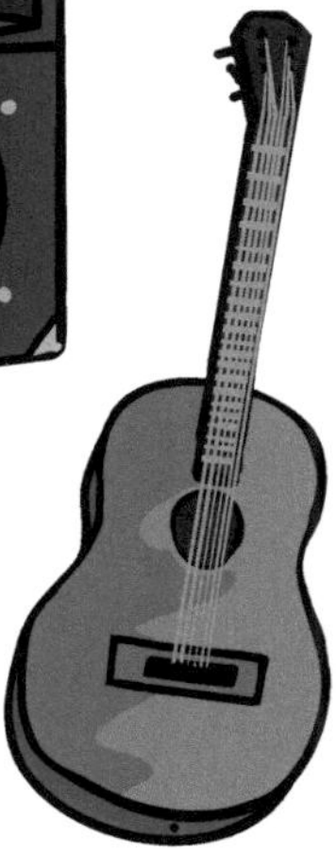

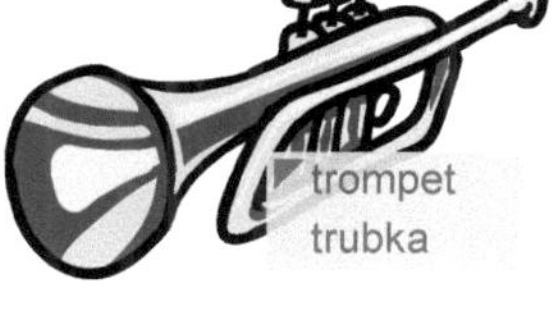

trompet
trubka

piano

klavír

biola

housle

bass

basa

timpani

tympán

dram

bubny

papan kekunci

keyboard

saksofon

saxofon

seruling

flétna

mikrofon

mikrofon

ZOO

ZOO

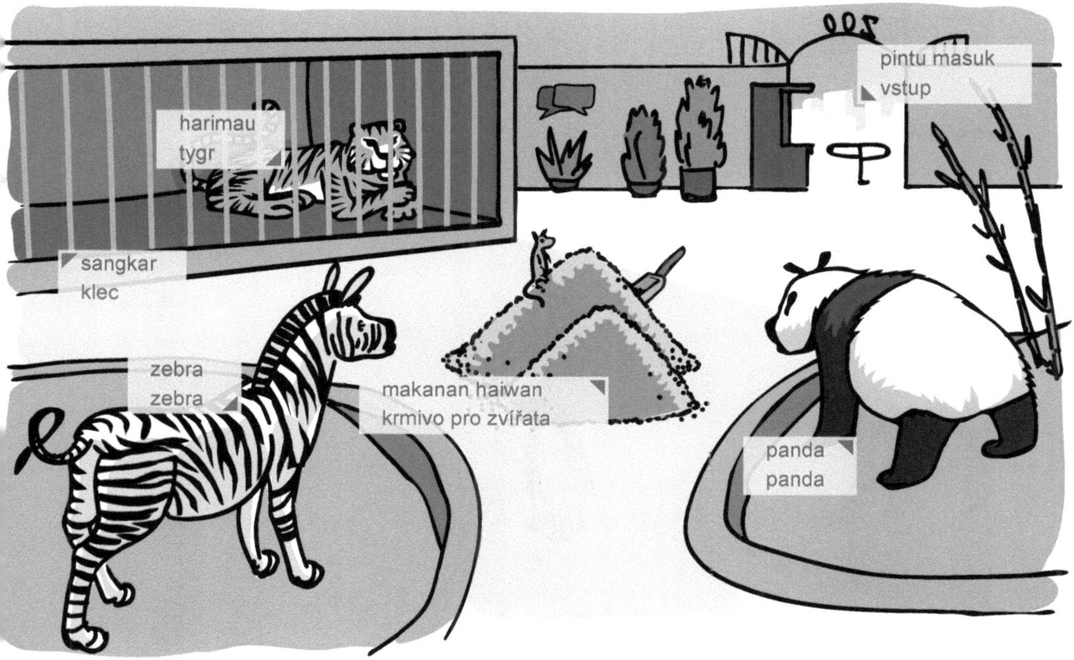

harimau
tygr
sangkar
klec
zebra
zebra
makanan haiwan
krmivo pro zvířata
pintu masuk
vstup
panda
panda

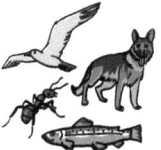

haiwan
zvířata

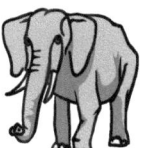

gajah
slon

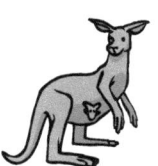

kanggaru
klokan

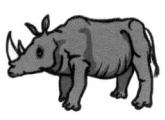

badak sumbu
nosorožec

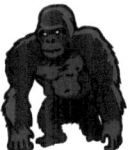

gorila
gorila

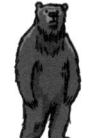

beruang
medvěd

unta

velbloud

burung unta

pštros

singa

lev

monyet

opice

flamingo

plameňák

nuri

papoušek

beruang kutub

lední medvěd

penguin

tučňák

yu

žralok

merak

páv

ular

had

buaya

krokodýl

penjaga zoo

ošetřovatel zvířat

anjing laut

tuleň

jaguar

jaguár

kuda

poník

harimau

leopard

badak air

hroch

zirafah

žirafa

helang

orel

babi jantan

divoké prase

ikan

ryby

penyu

želva

anjing laut

mrož

musang

liška

rusa

gazela

bola sepak Amerika
americký fotbal

berbasikal
cyklistika

tenis
tenis

bola keranjang
košíková

renang
plavání

hoki ais
lední hokej

tinju
box

bola sepak	badminton	olahraga
kopaná	badminton	lehká atletika
bola baling	ski	polo
házená	běh na lyžích	vodní pólo

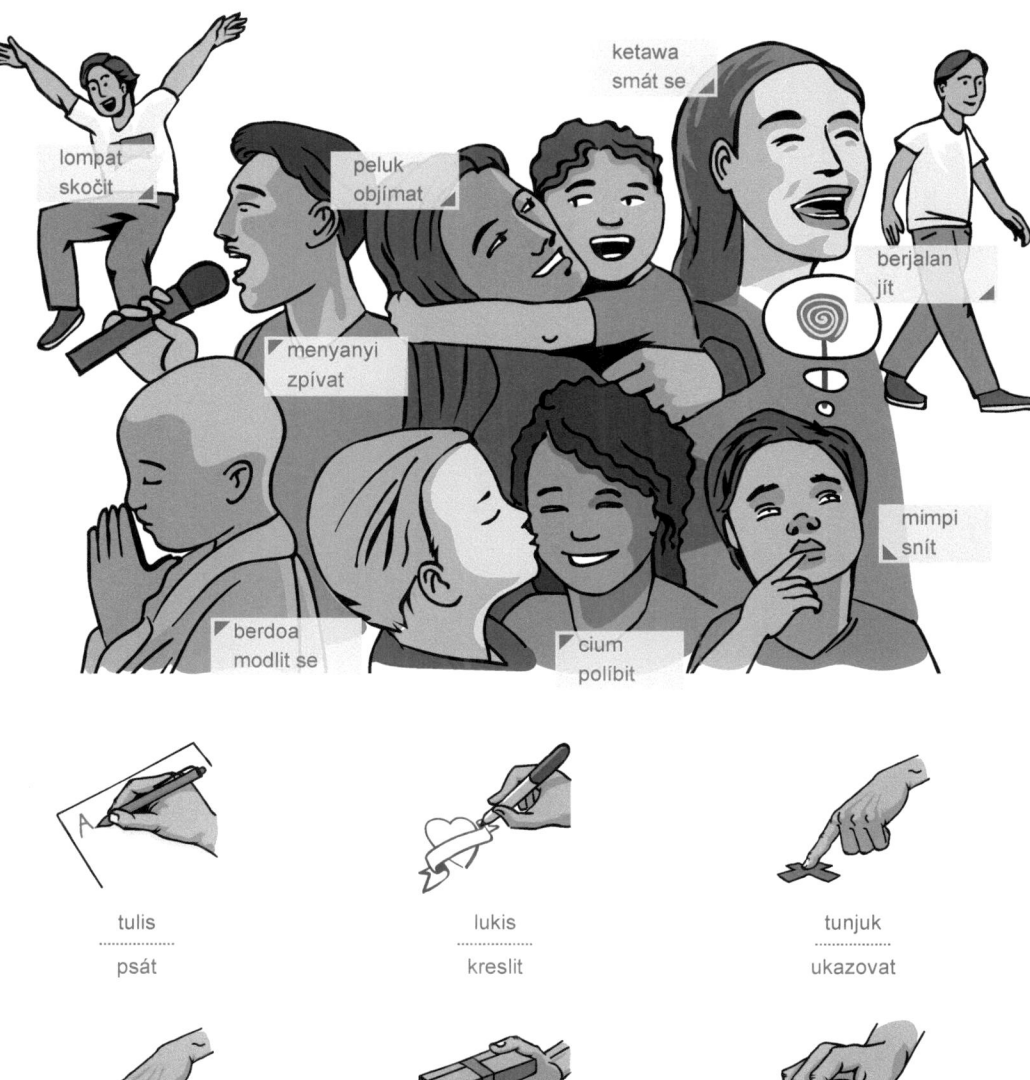

ketawa
smát se

lompat
skočit

peluk
objímat

berjalan
jít

menyanyi
zpívat

mimpi
snít

berdoa
modlit se

cium
políbit

tulis
psát

lukis
kreslit

tunjuk
ukazovat

tolak
tlačit

beri
dát

ambil
vzít si

ada
mít

buat
dělat

ialah
být

berdiri
stát

lari
běhat

tarik
táhnout

buang
hodit

jatuh
padat

tipu
ležet

tunggu
čekat

bawa
nosit

duduk
sedět

pakai
oblékat

tidur
spát

bangkit
vzbudit se

aktiviti - aktivity

lihat pada

prohlédnout si

menangis

plakat

strok

pohladit

sikat

česat

cakap

hovořit

faham

rozumět

tanya

ptát se

dengar

slyšet

minum

pít

makan

jíst

mengemas

uklidit

sayang

milovat

masak

vařit

pandu

jet

terbang

letět

belayar

plachtit

kira

počítat

baca

číst

belajar

učit se

kerja

pracovat

nikah

vzít si

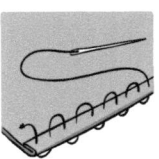

jahit

šít

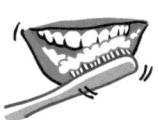

memberus gigi

čistit si zuby

bunuh

zabít

asap

kouřit

hantar

poslat

nenek
babička

datuk
dědeček

bapa
otec

ibu
matka

bayi
dítě

anak perempuan
dcera

anak lelaki
syn

tetamu

host

mak cik

teta

pak cik

strýc

abang

bratr

kakak

sestra

badan

tělo

dahi
čelo
mata
oko
bahu
rameno
jari
prst
muka
obličej
dagu
brada
tangan
ruka
kaki
dolní končetina
dada
hruď
lengan
paže

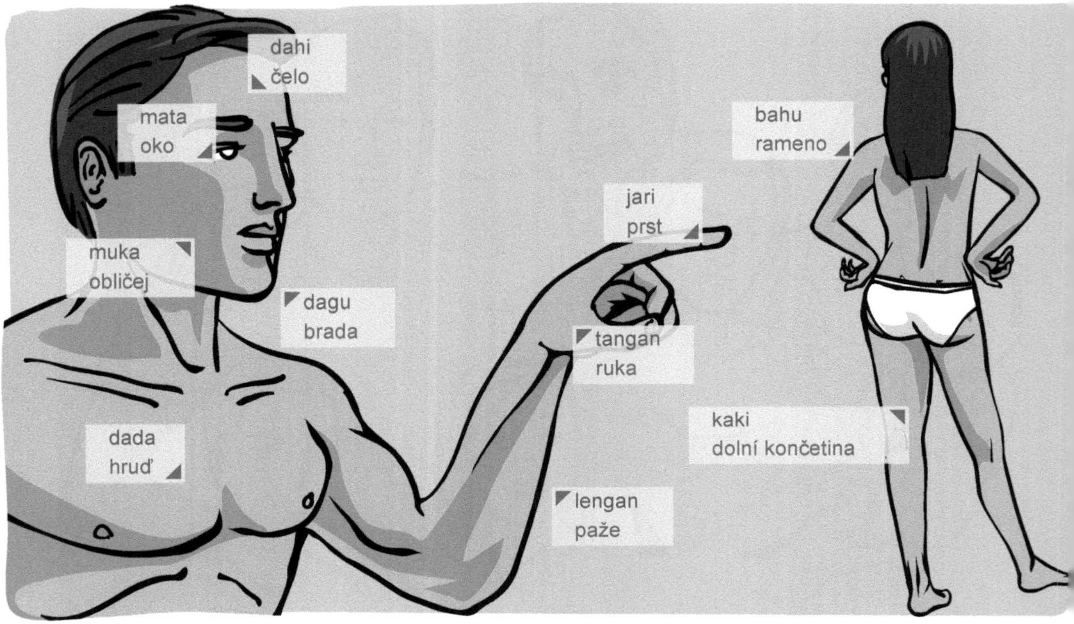

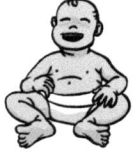

bayi

dítě

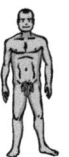

lelaki

muž

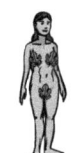

wanita

žena

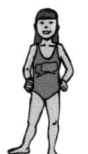

perempuan

dívka

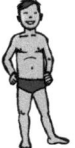

lelaki

chlapec

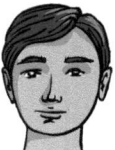

kepala

hlava

belakang

záda

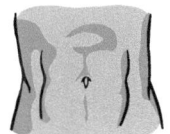

bawah perut

břicho

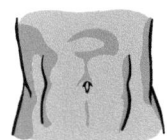

pusat

pupík

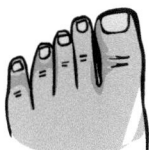

jari kaki

prst na noze

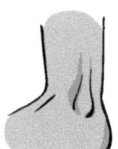

tumit

pata

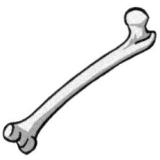

tulang

kost

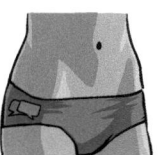

pinggul

bok

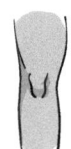

lutut

koleno

siku

loket

hidung

nos

bawah

zadek

kulit

kůže

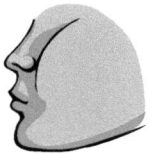

pipi

tvář

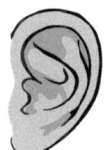

telinga

ucho

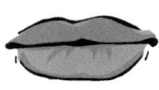

bibir

ret

badan - tělo

mulut
ústa

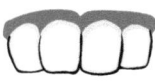

gigi
zub

lidah
jazyk

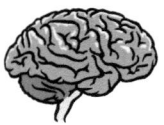

otak
mozek

hati
srdce

otot
sval

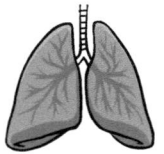

paru-paru
plíce

hati
játra

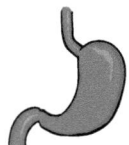

perut
žaludek

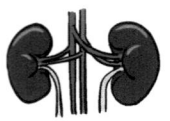

buah pinggang
ledviny

seks
pohlavní styk

kondom
kondom

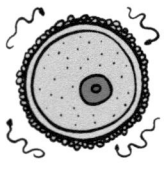

faraj
vajíčko

mani
sperma

mengandung
těhotenství

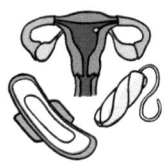

haid
menstruace

faraj
vagina

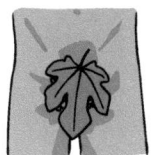

penis
penis

kening
obočí

rambut
vlasy

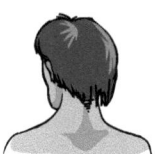

leher
krk

hospital
nemocnice

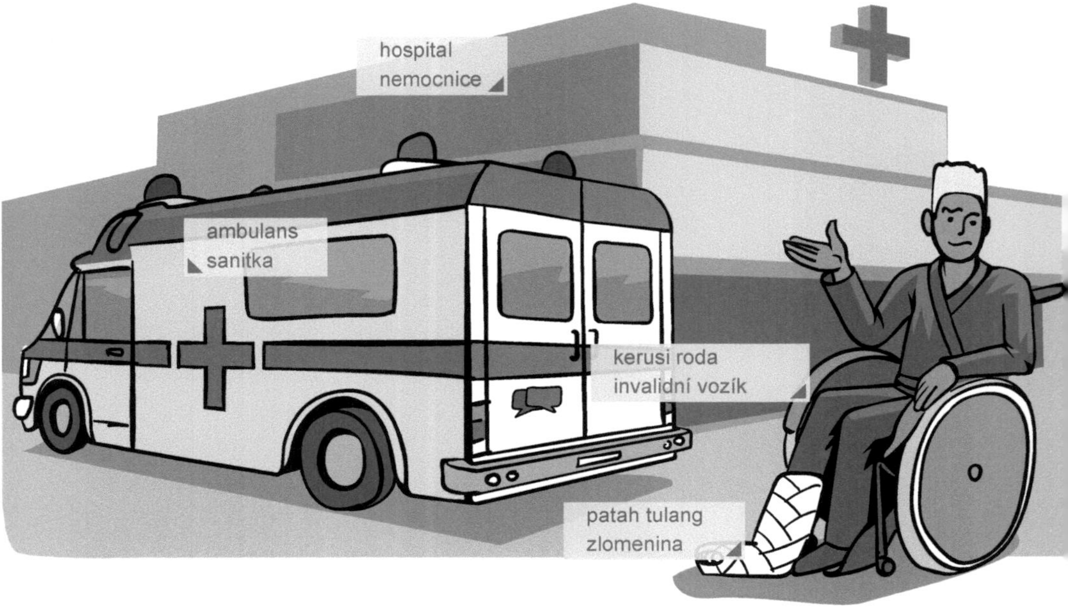

hospital
nemocnice
ambulans
sanitka
kerusi roda
invalidní vozík
patah tulang
zlomenina

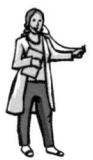

doktor

lékař

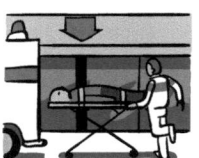

bilik kecemasan

pohotovost

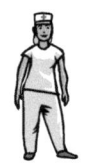

jururawat

zdravotní sestra

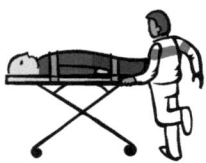

kecemasan

urgentní případ

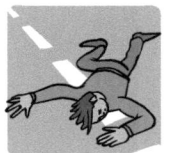

tak sedar

v bezvědomí

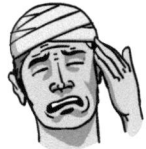

sakit

bolest

kecederaan

úraz

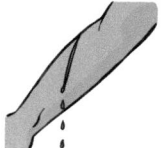

pendarahan

krvácení

serangan jantung

infarkt myokardu

strok

cévní mozková příhoda

alergi

alergie

batuk

kašel

demam

horečka

selesema

chřipka

cirit-birit

průjem

sakit kepala

bolest hlavy

kanser

rakovina

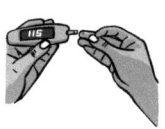

diabetes

cukrovka

pakar bedah

chirurg

pisau bedah

skalpel

pembedahan

operace

CT
CT

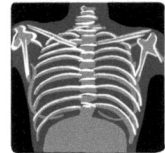

x-ray
rentgen

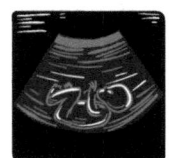

ultrabunyi
ultrazvuk

topeng muka
maska

penyakit
nemoc

bilik menunggu
čekárna

penongkat
berle

plaster
náplast

pembalut
obvaz

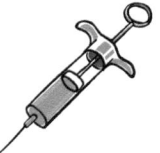

suntikan
injekce

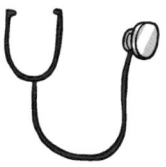

stetoskop
stetoskop

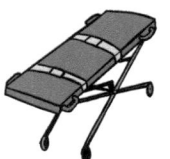

pengusung
nosítka

termometer klinik
teploměr

kelahiran
porod

berat badan berlebihan
nadváha

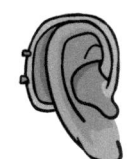

alat pendengaran

naslouchátko

disinfektan

dezinfekční prostředek

jangkitan

infekce

virus

virus

HIV / AIDS

HIV / AIDS

perubatan

lékařství

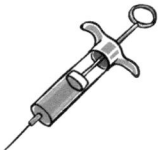

vaksinasi

očkování

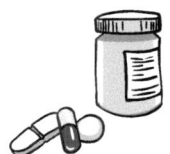

tablet

tablety

pil

pilulka

panggilan kecemasan

tísňové volání

pantau tekanan darah

tonometr

sakit / sihat

nemocný / zdravý

Tolong!

Pomoc!

penggera

poplach

serang

přepadení

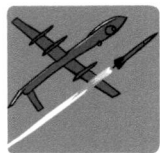

serangan

napadení

bahaya

nebezpečí

pintu kecemasan

nouzový východ

Api!

Hoří!

alat pemadam api

hasicí přístroj

kemalangan

nehoda

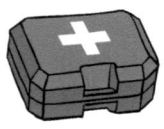

alat pertolongan cemas

zdravotnická brašna

SOS

SOS

polis

policie

Eropah

Evropa

Amerika Utara

Severní Amerika

Amerika Selatan

Jižní Amerika

Afrika

Afrika

Asia

Asie

Australia

Austrálie

Atlantic

Atlantik

Pasifik

Pacifik

Lautan Hindi

Indický oceán

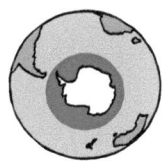

Lautan Antartik

Jižní ledový oceán

Lautan Artik

Severní ledový oceán

Kutub utara

severní pól

Kutub Selatan

jižní pól

Antartika

Antarktida

bumi

země

tanah

pevnina

laut

moře

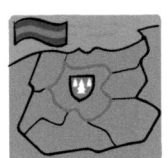

pulau

ostrov

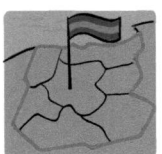

negara

národ

negeri

stát

muka jam

ciferník

tangan jam

hodinová ručička

tangan minit

minutová ručička

terpakai

vteřinová ručička

Jam berapa sekarang

Kolik je hodin?

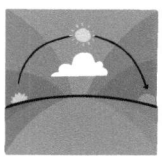

hari

den

masa

čas

sekarang

teď

jam digital

digitální hodinky

minit

minuta

jam

hodina

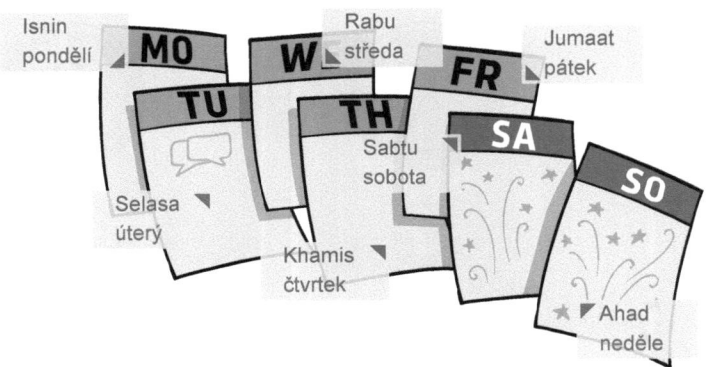

Isnin / pondělí — MO
Rabu / středa — W
Jumaat / pátek — FR
TU — Selasa / úterý
TH — Khamis / čtvrtek
SA — Sabtu / sobota
SO — Ahad / neděle

semalam

včera

hari ini

dnes

esok

zítra

pagi

ráno

tengah hari

poledne

petang

večer

MO	TU	WE	TH	FR	SA	SU
1	2	3	4	5	6	7
8	9	10	11	12	13	14
15	16	17	18	19	20	21
22	23	24	25	26	27	28
29	30	31	1	2	3	4

hari kerja

pracovní dny

MO	TU	WE	TH	FR	SA	SU
1	2	3	4	5	6	7
8	9	10	11	12	13	14
15	16	17	18	19	20	21
22	23	24	25	26	27	28
29	30	31	1	2	3	4

hari minggu

víkend

tahun
rok

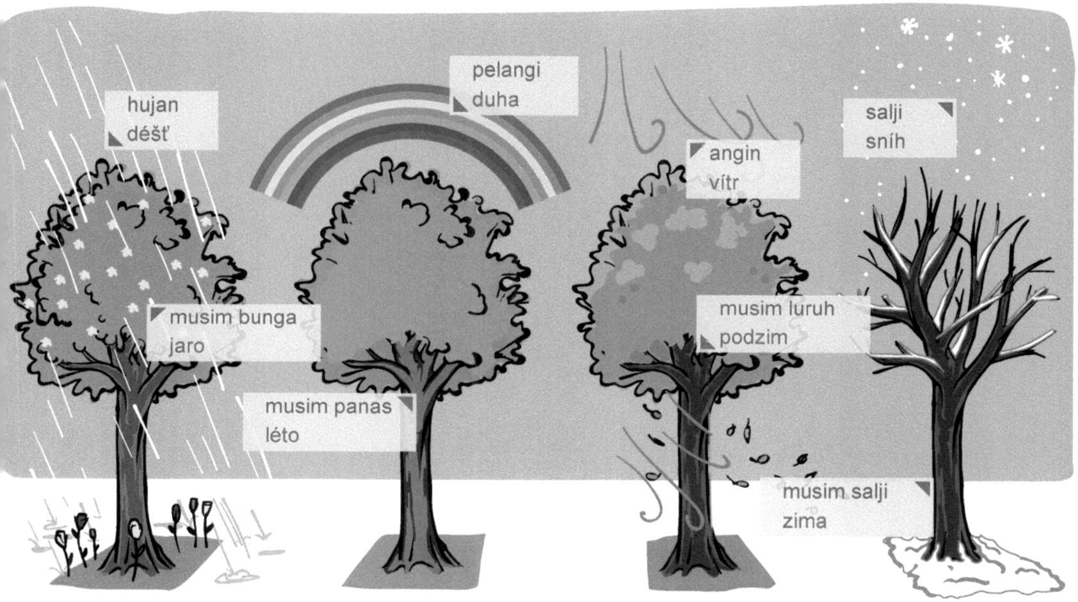

hujan
déšť
pelangi
duha
angin
vítr
salji
sníh
musim bunga
jaro
musim panas
léto
musim luruh
podzim
musim salji
zima

4.APRIL 11°
5.APRIL 4°
6.APRIL 13°
7.APRIL 8°
8.APRIL 10°

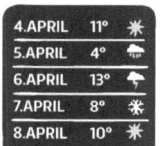

ramalan cuaca
předpověď počasí

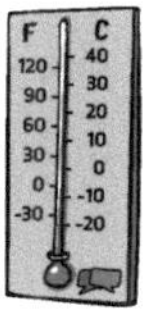

F
C
120
90
60
30
0
-30
40
30
20
10
0
-10
-20

termometer
teploměr

sinar matahari
sluneční svit

awan
mrak

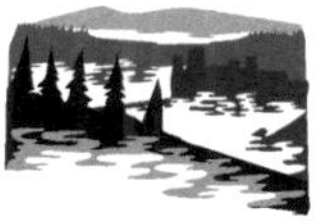

kabus
mlha

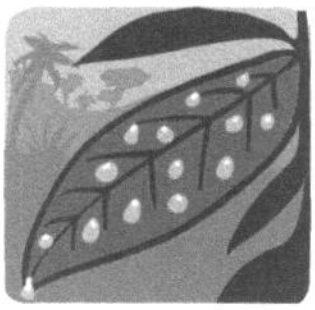

lembapan
vlhkost

kilat

blesk

petir

hrom

ribut

bouřka

hujan batu

kroupy

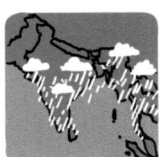

monsun

monzun

banjir

povodeň

ais

led

Januari

leden

Februari

únor

Mac

březen

April

duben

Mei

květen

Jun

červen

Julai

červenec

Ogos

srpen

September
....
září

Oktober
....
říjen

November
....
listopad

Disember
....
prosinec

bulatan
....
kruh

petak
....
čtverec

segi empat tepat
....
obdélník

segitiga
....
trojúhelník

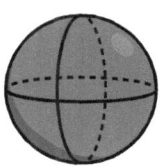

sfera
....
koule

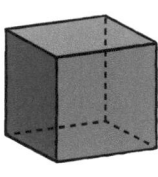

kiub
....
krychle

putih

bílá

kuning

žlutá

oren

oranžová

merah jambu

růžová

merah

červená

ungu

fialová

biru

modrá

hijau

zelená

coklat

hnědá

kelabu

šedá

hitam

černá

banyak / sedikit

hodně / málo

marah / tenang

rozzuřený / mírumilovný

cantik / hodoh

krásný / ošklivý

bermula / tamat

začátek / konec

besar kecil

velký / malý

terang / gelap

světlý / tmavý

abang / kakak

bratr / sestra

bersih / kotor

čistý / špinavý

lengkap / tidak lengkap

úplný / neúplný

hari / malam

den / noc

mati / hidup

mrtvý / živý

luas / sempit

široký / úzký

boleh dimakan / tidak boleh dimakan

jedlý / nejedlý

jahat / baik

zlý / hodný

teruja / bosan

vzrušený / znuděný

gemuk / kurus

tlustý / hubený

pertama / terakhir

nejdříve / naposledy

kawan / musuh

přítel / nepřítel

penuh / kosong

plný / prázdný

keras / lembut

tvrdý / měkký

berat / ringan

těžký / lehký

lapar / dahaga

hlad / žízeň

sakit / sihat

nemocný / zdravý

menyalahi undang-undang / undang-undang

ilegální / legální

pintar / bodoh

inteligentní / hloupý

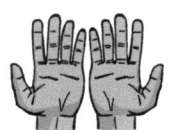

kiri / kanan

vlevo / vpravo

dekat / jauh

blízko / daleko

baru / lama
nový / použitý

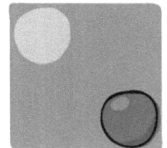

tiada / sesuatu
nic / něco

tua / muda
starý / mladý

hidup / mati
zapnutý / vypnutý

terbuka / tertutup
otevřeno / zavřeno

diam / bising
tichý / hlasitý

kaya / miskin
bohatý / chudý

betul / salah
správný / špatný

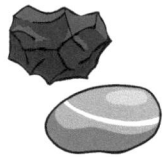

kasar / halus
drsný / hladký

sedih / gembira
smutný / šťastný

pendek / panjang
krátký / dlouhý

lambat / laju
pomalý / rychlý

basah / kering
vlhký / suchý

panas / sejuk
teplý / chladný

berperang / berdamai
válka / mír

0

sifar

nula

1

satu

jedna

2

dua

dva

3

tiga

tři

4

empat

čtyři

5

lima

pět

6

enam

šest

7

tujuh

sedm

8

lapan

osm

9

sembilan

devět

10

sepuluh

deset

11

sebelas

jedenáct

12
dua belas

dvanáct

13
tiga belas

třináct

14
empat belas

čtrnáct

15
lima belas

patnáct

16
enam belas

šestnáct

17
tujuh belas

sedmnáct

18
lapan belas

osmnáct

19
Sembilan belas

devatenáct

20
dua puluh

dvacet

100
ratus

sto

1.000
ribu

tisíc

1.000.000
juta

milion

jazyky

Bahasa Inggeris

angličtina

Bahasa Inggeris Amerika

americká angličtina

Bahasa Cina Mandarin

standardní čínština

Bahasa Hindi

hindština

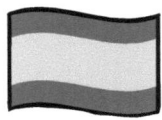

Bahasa Sepanyol

španělština

Bahasa Perancis

francouzština

Bahasa Arab

arabština

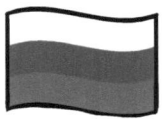

Bahasa Rusia

ruština

Bahasa Portugis

portugalština

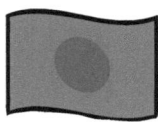

Bahasa Benggali

bengálština

Bahasa Jerman

němčina

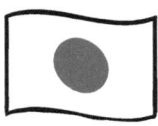

Bahasa Jepun

japonština

saya

já

anda

ty

dia / dia / ia

on / ona / ono

kita

my

anda

vy

mereka

oni

siapa?

Kdo?

apa?

Co?

bagaimana?

Jak?

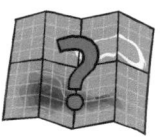

di mana?

Kde?

bila?

Kdy?

nama

jméno

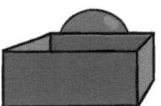

belakang
za

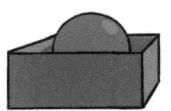

dalam
do

di hadapan
z

lebih
nad

pada
na

di bawah
mezi

bersebelahan
vedle

antara
mezi

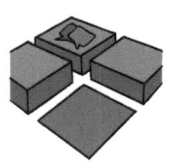

tempat
místo